BRICKS

30 RECETTES FACILES

Caroline BODIN

Introduction

··· Croustillantes, légères, les bricks, qui sont faites des feuilles du même nom, se prêtent à toutes les envies, sont capables de prendre toutes les formes et de mettre en valeur presque toutes les garnitures. On dit que la feuille de brick serait originaire de Tunisie, où on l'appelle malsouka, ce qui veut dire littéralement « feuille qui colle ». Au Maroc, c'est au doux nom de ouarka qu'elle répond. Il y a encore une dizaine d'années, elle était d'ailleurs souvent cantonnée aux recettes traditionnelles du Maghreb comme la pastilla ou la brick à l'œuf.

Fine galette ronde fabriquée à partir de semoule de blé bouillie, de farine, d'eau et de sel, elle permet de réaliser également des recettes orientales comme les si populaires nems, même s'ils sont normalement concoctés à base de galettes de riz. C'est pourtant la cuisine occidentale qui, en l'adoptant définitivement, en a fait la reine de la gastronomie contemporaine.

Une cuisine polymorphe

Désormais, tout le monde utilise les feuilles de brick, les tord dans tous les sens pour leur donner des formes aussi variées que les triangles (plus connus sous le nom de samossa), les pannequets, rectangulaires et refermés à la manière d'une enveloppe, les aumônières ou les bonbons, pour ne citer que ces avatars-là…

Ces méthodes de pliages sont expliquées au fur et à mesure des recettes de ce livre, qu'il s'agisse des superpositions propres aux pastillas ou destinées à remplacer un fond de tarte ou la pâte feuilletée d'un millefeuille. Ils demandent il est vrai un peu d'habitude et de savoir-faire mais, pas de panique, si les premiers essais

• • •

sont infructueux, c'est tout à fait normal. En revanche, une fois le coup de main pris, c'est simple, on ne peut plus s'arrêter !

Feuilles de brick et pâte filo se métamorphosent et aiment à changer de nom. Elles deviennent tiropita en Grèce, bestels, sambos ou briouats dans d'autres régions du globe. La feuille de brick, tout comme sa sœur la pâte filo, originaire de Grèce et de Turquie, se promène dans tout le monde méditerranéen, remontant jusqu'aux pays de l'Est. Souvent farci de fromage, de légumes ou de viande, ce mélange tout simple de farine et d'eau, délicatement craquant, décline le feuilleté au gré de toutes les envies. La pâte filo se reconnaît à sa forme rectangulaire et à sa délicatesse. Presque friable, soyeuse au toucher, elle permet de réaliser des recettes encore plus aériennes mais se manipule un peu plus difficilement. Au goût, elle se rapproche même d'une pâte à tarte feuilletée.

Quelques conseils

Concernant les modes de cuisson, les feuilles de brick supportent les plus variés, qu'il s'agisse d'un bain de friture, de dorure à la poêle ou d'un passage au four classique. En général, le temps de cuisson est plutôt rapide et, pour leur donner une jolie couleur brillante, on a le choix entre un peu de beurre, un jaune d'œuf battu mélangé avec du lait ou un peu de sucre. L'effet est garanti.

Pour découper les feuilles de brick ou la pâte filo, utilisez un couteau fin et bien aiguisé ou tout simplement une paire de ciseaux qui permet une découpe nette et sans déchirures.

En ce qui concerne la conservation, gardez vos feuilles dans le bac du réfrigérateur. Dans leur paquet d'origine non entamé, elles se conservent presque 1 mois et seulement 2 ou 3 jours si le paquet a été ouvert. Il en va de même pour la pâte filo. Les feuilles doivent être souples et ne pas se casser sur les bords. Pour qu'elles conservent leur malléabilité, mieux vaut d'ailleurs les placer sur un torchon humide. Bonne nouvelle, on peut aussi les congeler. Il suffira alors de les décongeler au réfrigérateur une dizaine d'heures avant de les utiliser.

Feuilles de brick et pâte filo ont souvent besoin d'être badigeonnées d'huile ou de beurre. Le mieux est de le faire à l'aide d'un pinceau en commençant par les bords pour huiler ensuite le milieu. L'huile d'olive est particulièrement efficace pour certaines recettes et a le mérite de pouvoir être pulvérisée à l'aide d'un spray. Le beurre doit quant à lui être fondu, ou clarifié, en le faisant chauffer dans une casserole ou au micro-ondes.

Enfin, évitez de réchauffer vos préparations en feuilles de brick, elles risqueraient de ne pas le supporter. Un seul passage à chaud, c'est bien assez !

Les farces

Vous pouvez farcir vos brick d'absolument tout ce que vous désirez, à condition de garder en mémoire que la cuisson risque d'être rapide, ce qui suppose que les viandes, poissons ou légumes sont souvent cuits avant de servir de garniture.

Abusez des épices, des herbes aromatiques et du contraste entre un fromage et des petits légumes, c'est une combinaison gagnante à chaque fois car les bricks réhaussent les textures. Croustillant, croquant, fondant, la palette des sensations est vaste.

La farce doit juste ne pas être trop chaude, pour ne pas risquer de percer les feuilles, ou trop liquide, ce qui détremperait la brick. Sans oublier que, même hermétiquement fermées, les préparations sont fragiles et pourraient facilement se répandre

Des bricks pour toutes vos envies

Une fois les principes de base des pliages compris, vous verrez qu'il n'y a pas de limites au nombre de recettes réalisables. Qu'elles soient sucrées ou salées, les bricks permettent vraiment de laisser libre cours à votre imagination.

A l'apéritif, en entrée, pour le dessert ou en plat principal, les bricks font fureur. En plus, elles font de l'effet et sont les reines de la finger food, celle que l'on dévore d'abord des yeux puis avec les doigts !

Bestels à la viande hachée

6 personnes

Facile
Bon marché

Préparation : 20 min   Cuisson : 20 min

1 oignon
1 carotte
2 gousses d'ail
Huile d'olive
500 g de steak haché
1/2 cuil. à café de cumin
Quelques brins de coriandre
Quelques branches de persil plat
12 feuilles de brick
Sel, poivre.

··· Éplucher et ciseler finement l'oignon. Détailler la carotte épluchée en brunoise. Retirer la peau des gousses d'ail et les dégermer.

··· Verser un filet d'huile d'olive dans une poêle et y faire revenir la viande hachée avec l'oignon et la carotte. Parfumer de cumin et d'ail pressé. Saler et poivrer. En fin de cuisson, ajouter la coriandre et le persil plat hachés.

··· Couper les feuilles de brick en deux. Placer le bord arrondi vers soi. Disposer dans un coin à l'une des extrémités 1 belle cuillerée de viande hachée.

··· Replier la feuille de brick en deux puis former un triangle avec le coin qui contient la farce. Plier plusieurs fois le triangle sur lui-même puis rentrer la pointe vers l'intérieur, humectée d'un peu d'eau si nécessaire.

··· Faire cuire environ 10 minutes à 220 °C (th. 7-8).

Bonbons d'artichauts

4 personnes

Facile
Bon marché

Préparation : 15 min   Cuisson : 15 min

4 feuilles de brick
8 fonds d'artichaut en conserve
8 petits chèvres frais
16 pétales de tomates confites
Thym
Sel, poivre.

··· Couper les feuilles de brick en deux.

··· Disposer au milieu de chaque demi-feuille un fond d'artichaut bien égoutté. Placer par-dessus 1 pétale de tomate confite puis 1 petit chèvre. Ajouter un autre morceau de tomate. Saupoudrer d'un peu de thym effeuillé, saler et poivrer.

··· Fermer la feuille de brick en bonbon et la fermer des deux côtés à l'aide de ficelle de cuisine.

··· Faire cuire au four environ 15 minutes à 220 °C (th. 7-8).

Bouchées de gambas

Préparation : 20 min   Cuisson : 5 min

4 personnes

Facile
Cher

1/2 citron
2 cuil. à soupe de miel liquide
16 gambas crues
8 feuilles de brick
1 bouquet d'estragon
Huile d'olive
Sel, poivre.

··· Presser le jus du citron et le mélanger avec le miel. Saler et poivrer légèrement.

··· Décortiquer les gambas. Les badigeonner de miel citronné.

··· Couper les feuilles de brick en deux. Placer 1 gamba au centre avec 1 feuille ou 2 d'estragon. Replier les bords, rouler fermement la feuille de brick sur elle-même et rentrer les extrémités vers l'intérieur de la feuille. Fixer le tout avec un cure-dent et reproduire l'opération pour chaque crevette.

··· Verser un filet d'huile dans une poêle et faire dorer les bouchées de gambas environ 5 minutes.

! Servir avec de la crème fraîche additionnée de citron vert.

Bricks normandes

4 personnes

Facile
Bon marché

Préparation : 20 min   Cuisson : 20 min

3 pommes
50 g de beurre
8 feuilles de brick
1 camembert
Poivre du moulin.

··· Éplucher et épépiner les pommes puis les couper en petits dés. Faire chauffer 40 g de beurre dans une poêle et y faire dorer les pommes.

··· Couper les feuilles de brick en deux, bord arrondi vers soi. Disposer 1/2 cuillerée à soupe de pommes au beurre dans le coin en haut à gauche. Ajouter des morceaux de camembert. Poivrer légèrement.

··· Disposer 1/8 de la farce au milieu d'une feuille de brick. Replier les bords gauche et droit sur la farce. Faire de même avec les bords haut et bas, de façon à obtenir un rectangle.

··· Faire fondre le reste de beurre et en badigeonner les bricks. Faire ensuite cuire au four environ 10 minutes à 220 °C (th. 7-8).

Bricks au thon

4 personnes

Facile
Bon marché

Préparation : 10 min Cuisson : 40 min

1 grosse boîte de thon à l'huile
1 citron
1 gousse d'ail
1 cuil. à soupe de persil haché
3 pommes de terre
3 œufs
6 feuilles de brick
Sel, poivre.

··· Émietter le thon égoutté et l'arroser du jus du citron. Ajouter la gousse d'ail pressée et le persil.

··· Faire cuire les pommes de terre à l'eau pendant environ 20 minutes. Égoutter, laisser refroidir puis éplucher. Réduire les pommes de terre en purée à l'aide d'une fourchette.

··· Faire cuire 2 œufs 10 minutes jusqu'à ce qu'ils soient durs. Laisser refroidir puis les écaler. Hacher les œufs durs façon « mimosa ».

··· Mélanger le thon citronné, la purée de pommes de terre et les œufs durs. Battre l'œuf restant en omelette et incorporer à la préparation. Saler et poivrer à convenance.

··· Couper les feuilles de brick en deux, bord arrondi vers soi. Disposer 1/2 cuillerée à soupe de farce dans le coin en haut à gauche.

··· Replier la feuille de brick en deux puis le bord gauche du croustillant où se trouve la farce en triangle. Plier plusieurs fois le triangle sur lui-même et replier le dernier bord vers l'intérieur.

··· Faire dorer quelques minutes dans une friteuse ou dans un bain d'huile dans une sauteuse.

Chaussons au poulet

Préparation : 20 min   Cuisson : 25 min

4 personnes

Facile
Bon marché

1 poireau
2 échalotes
6 champignons de Paris
4 blancs de poulet
50 g de beurre
6 feuilles de brick
20 cl de crème fraîche épaisse
Sel, poivre.

··· Laver, essuyer puis éplucher le poireau. Retirer le vert et l'extrémité puis le découper en rondelles. Éplucher et ciseler les échalotes. Équeuter et découper en lamelles les champignons soigneusement rincés.

··· Faire dorer les blancs de poulet découpés en lamelles à la poêle dans un peu de beurre.

Réserver puis faire suer dans le reste de matière grasse le poireau et les échalotes puis les champignons jusqu'à ce qu'ils soient bien dorés.

··· Couper les feuilles de brick en deux, bord arrondi vers soi. Disposer 1/2 cuillerée à soupe de poulet et de légumes. Ajouter un peu de crème fraîche. Saler et poivrer à convenance.

··· Replier la feuille de brick en deux puis replier en triangle le bord gauche du croustillant où se trouve la farce. Plier plusieurs fois le triangle sur lui-même.

··· Faire fondre le reste de beurre et en badigeonner les bricks. Faire ensuite cuire au four environ 10 minutes à 220 °C (th. 7-8).

Croustillants feta-tapenade

4 personnes

Moyen
Bon marché

Préparation : 20 min Cuisson : 10 min

2 tomates
2 gousses d'ail frais
1 cuil. à café d'herbes de Provence
6 feuilles de brick
6 cuil. à soupe de tapenade d'olives noires
1 bloc de feta
Huile d'olive
Poivre du moulin.

··· Épépiner les tomates et les concasser. Éplucher, dégermer l'ail et le découper en fines lamelles. Mélanger la concassée de tomates avec l'ail et les herbes de Provence. Poivrer à convenance.

··· Déposer 1/2 cuillerée à soupe de tapenade, un peu de concassée de tomates et quelques morceaux de feta sur le bord de la feuille.

··· Rouler la feuille en emprisonnant la farce. Arrivé au milieu, rabattre les bords de chaque côté et continuer à rouler jusqu'au bout.

··· Badigeonner d'un peu d'huile d'olive puis faire cuire au four environ 10 minutes à 220 °C (th. 7-8).

Croustillants de saumon

4 personnes

Facile
Moyen

Préparation : 20 min   Cuisson : 10 min

250 g de chèvre frais
3 cuil. à soupe de crème fraîche
Quelques brins d'aneth
6 tranches de saumon fumé
6 feuilles de brick
Sel, poivre du moulin.

··· Mélanger le fromage frais avec la crème fraîche et l'aneth ciselé. Saler et poivrer puis réserver au frais. Découper le saumon fumé en larges bandes.

··· Couper les feuilles de brick en bandes rectangulaires. Couvrir d'une bande de saumon fumé et placer dans le coin à gauche 1 ou 2 cuillerées à soupe de chèvre frais à l'aneth.

··· Replier le bord de la feuille de brick en diagonale par-dessus la farce. Plier plusieurs fois le triangle sur lui-même. Terminer en rentrant le bord qui dépasse à l'intérieur.

··· Faire cuire 2 ou 3 croustillants à la fois dans un bain de friture pendant 2 à 3 minutes.

Croustillants feta-tapenade, p. 16

Croustillants de saumon, p. 17

Feuilleté aux brocolis « bleus »

6 personnes

Facile
Bon marché

Préparation : 20 min   Cuisson : 30 min

2 têtes de brocoli
5 feuilles de brick
50 g de beurre
150 g de fromage bleu, du stilton de préférence
2 œufs
15 cl de crème fraîche
Sel, poivre.

··· Faire cuire les brocolis pendant environ 10 minutes dans un grand volume d'eau bouillante salée. Égoutter puis séparer en petits bouquets. Laisser refroidir.

··· Badigeonner les feuilles de brick de beurre fondu et les superposer dans un moule à manqué. Disposer les bouquets de brocoli dans le fond avec le stilton émietté.

··· Battre les œufs en omelette et les mélanger avec la crème fraîche. Saler et poivrer légèrement.

··· Verser ce flan par-dessus les brocolis et le fromage.

··· Froncer les bords des feuilles de brick et faire cuire au four environ 20 minutes à 180 °C (th. 6). Servir tiède.

GRATIN FEUILLETÉ AU CHÈVRE

6 personnes

Facile
Bon marché

Préparation : 20 min Cuisson : 35 min

300 g d'épinards
30 g de beurre
1 gousse d'ail
Quelques brins d'aneth
250 g de chèvre frais
2 blancs d'œufs
8 feuilles de pâte filo
Sel, poivre.

··· Faire tomber les épinards équeutés dans une poêle avec une noix de beurre et l'ail haché.

··· Ajouter quelques brins d'aneth ciselés, saler et poivrer. Lorsque la cuisson est terminée, retirer l'excédent d'eau.

··· Écraser le fromage à la fourchette puis le mélanger avec les blancs d'œufs. Mélanger les épinards avec cette préparation.

··· Disposer 4 feuilles de pâte filo dans un plat à gratin. Badigeonner avec le reste de beurre fondu. Placer les épinards au chèvre par-dessus puis recouvrir avec les 4 autres feuilles de pâte filo également humectées de beurre.

··· Faire cuire au four 25 à 30 minutes à 180 °C (th. 6).

Millefeuilles au crabe

6 personnes

Moyen
Cher

Préparation : 20 min   Cuisson : 5 min

6 feuilles de brick
30 g de beurre fondu
2 petites tomates
1 cuil. à soupe de coriandre ciselée
200 g de chair de crabe
3 cuil. à soupe de mayonnaise
100 g de guacamole
Sel, poivre.

··· Découper environ 6 disques dans chaque feuille de brick en s'aidant d'un gros verre.

··· Badigeonner les morceaux de pâte de beurre fondu et les disposer sur une plaque à four recouverte de papier sulfurisé.

··· Faire cuire environ 5 minutes à 200 °C (th. 6-7) jusqu'à ce que la brick soit bien dorée. Laisser refroidir.

··· Couper les tomates en deux et les épépiner. Les découper ensuite en tout petits morceaux. Saler, poivrer et mélanger avec la coriandre ciselée. Mélanger la chair de crabe émiettée avec la mayonnaise.

··· Superposer 2 disques de brick, ajouter 1 cuillerée de guacamole puis de crabe à la mayonnaise. Surmonter de dés de tomate à la coriandre et de 2 autres feuilles de brick. Recommencer l'opération et procéder ainsi pour chaque millefeuille au crabe.

PASTILLA CABILLAUD-CREVETTES

6 personnes

Difficile
Moyen

Préparation : 30 min   Cuisson : 35 min   Repos : 1 h

600 g de cabillaud
3 oignons
150 g de crevettes roses décortiquées
1 citron
3 cuil. à soupe d'huile d'olive
1 petit morceau de gingembre
1 petit bouquet de coriandre
15 cl de fumet de poisson
3 œufs + 1 blanc
12 feuilles de brick
20 g de beurre fondu
1 cuil. à soupe de sucre glace
Sel, poivre.

··· Faire mariner le cabillaud découpé en morceaux, les oignons émincés et les crevettes dans le jus de citron et l'huile d'olive. Ajouter le gingembre épluché et haché et la coriandre ciselée.

··· Lorsque le poisson a bien reposé, le faire revenir doucement à la poêle avec les oignons et les crevettes. Mouiller d'un peu de fumet de poisson chaud.
Saler, poivrer et faire cuire environ 15 minutes jusqu'à ce que le poisson blanchisse. Mixer afin de former une farce.

··· Verser les œufs entiers et le blanc additionnés du reste de fumet chaud dans une poêle et les faire chauffer quelques instants en les mélangeant afin d'obtenir des œufs brouillés pas trop cuits.

··· Placer 3 feuilles de brick dans un moule à tarte huilé en veillant à ce qu'elles dépassent bien les bords. Ajouter un peu de farce de poisson puis 1 feuille de brick. Ajouter un peu d'œuf brouillé puis recommencer l'opération.

··· Terminer en couvrant avec 2 ou 3 feuilles puis rabattre les bords vers l'intérieur. Badigeonner de beurre fondu.

··· Faire cuire 20 minutes à 170 °C (th. 5-6). La pastilla doit être dorée.

··· Laisser refroidir quelques instants et saupoudrer de sucre glace.

Pastilla de poulet à l'orange

6 personnes

Moyen
Bon marché

Préparation : 30 min   Cuisson : 30 min   Repos : 1 h

2 oignons
3 blancs de poulet
1 cuil. à café de Ras el Hanout
2 oranges
100 g d'amandes émondées et grillées
1 cuil. à café d'eau de fleur d'oranger
Cannelle
25 g de sucre en poudre
50 g de beurre
Quelques brins de coriandre
10 feuilles de brick
Sucre glace
Sel, poivre.

··· Mélanger les blancs de poulet avec les oignons hachés et le Ras el Hanout. Arroser du jus des oranges. Laisser reposer 1 heure.

··· Mixer les amandes grossièrement avec l'eau de fleur d'oranger, une pincée de cannelle et le sucre en poudre. Réserver.

··· Faire dorer la viande à la poêle avec un peu de beurre 10 minutes. Saler et poivrer. Ajouter les oignons et la coriandre hachée en fin de cuisson.

··· Beurrer une tourtière et la recouvrir de plusieurs feuilles de brick superposées, toutes bien beurrées. Ajouter 1 feuille pour renforcer le fond et y verser le poulet aux oignons. Couvrir de 1 feuille de brick badigeonnée de beurre et d'une couche d'amandes à la fleur d'oranger.

··· Refermer et recouvrir de 2 ou 3 feuilles. Rabattre les bords vers l'intérieur. Badigeonner de beurre fondu et faire cuire 15 minutes à 220 °C (th. 7-8).

··· Après la cuisson, laisser un peu refroidir puis saupoudrer uniformément de sucre glace. Tracer des croisillons en poudre de cannelle.

Samossas végétariens au curry

4 personnes

Moyen
Bon marché

Préparation : 30 min   Cuisson : 20 min

2 courgettes râpées
1 carotte râpée
1 oignon émincé très finement
Huile d'olive
1/2 cuil. à café de curry
1 gousse d'ail
10 cl de crème fraîche
1 cuil. à soupe de persil plat
8 feuilles de brick.

··· Faire revenir les légumes dans un peu d'huile d'olive pendant quelques minutes. Ajouter le curry et la gousse d'ail épluchée et pressée. Bien mélanger et continuer la cuisson au moins 5 minutes.

··· Incorporer doucement la crème fraîche et le persil haché. Saler et poivrer. Laisser tiédir la farce.

··· Couper les feuilles en deux, bord arrondi vers soi. Disposer 1 cuillerée à soupe de farce dans le coin en haut à gauche.

··· Replier la feuille de brick en deux puis replier en triangle le bord gauche du samossa où se trouve la farce. Plier plusieurs fois le triangle sur lui-même.

··· Cuire au four environ 10 minutes à 210 °C (th. 7).

!

Le samosa est omniprésent en Inde, tant dans les milieux populaires que dans les classes aisées. À l'origine, ce petit en-cas était le mets de prédilection des nomades en provenance d'Asie centrale car rapide à préparer et facile à transporter.

Le ghee est un beurre clarifié, sans caséine, très pratique pour les cuissons à très haute température. Il peut être remplacé par du beurre.

Nems de merlan

4 personnes

Facile
Bon marché

Préparation : 20 min   Cuisson : 25 min

1 tomate
1 aubergine
2 oignons
1 gousse d'ail
1 cuil. à soupe de gingembre haché
Huile d'olive
2 ou 3 filets de merlan
10 cl de fumet de poisson
1/2 cuil. à café de curcuma
6 feuilles de brick
Beurre
Sel, poivre.

··· Découper la tomate épépinée et l'aubergine en petits dés. Éplucher et ciseler très finement les oignons.

··· Faire suer puis dorer les légumes à la poêle avec l'ail et le gingembre dans un peu d'huile d'olive. Saler et poivrer à convenance. Ajouter les filets de poisson, le fumet de poisson et le curcuma. Laisser cuire encore 5 bonnes minutes.

··· Réduire le poisson en purée et mélanger ces miettes aux légumes.

··· Disposer 2 belles cuillerées à soupe de farce au milieu de la feuille de brick. Replier les côtés puis les bords dans le sens de la hauteur. Enrouler la feuille de brick sur elle-même afin de former des nems.

··· Disposer les nems sur une plaque à four recouverte de papier sulfurisé puis les badigeonner d'un peu de beurre fondu.

··· Faire cuire 10 minutes au four à 220 °C (th. 7-8).

Papillotes de pétoncle

Préparation : 10 min   Cuisson : 12 min

4 personnes

Facile
Moyen

30 g de beurre
20 noix de pétoncle
3 gousses d'ail
2 cuil. à soupe de persil haché
8 feuilles de brick
4 cuil. à soupe de crème fraîche
16 brins de ciboulette blanchis
Sel, poivre.

··· Faire chauffer la moitié du beurre dans une poêle et y saisir les noix de pétoncle pendant 1 ou 2 minutes. Baisser le feu puis ajouter l'ail épluché, dégermé et émincé, et le persil haché. Bien mélanger puis arrêter la cuisson.

··· Superposer 2 feuilles de brick.

··· Disposer 5 noix de pétoncle à l'ail et au persil et 1 petite cuillerée à soupe de crème fraîche. Saler, poivrer puis rouler les feuilles de brick sur elles-mêmes sans rabattre les bords.

··· Nouer les côtés à l'aide d'un brin de ciboulette.

··· Disposer les papillotes sur une plaque à four recouverte de papier sulfurisé. Badigeonner d'un peu de beurre fondu et faire cuire au four à 220 °C (th. 7-8) pendant environ 10 minutes.

! Les brins de ciboulette doivent être préalablement blanchis à l'eau bouillante pour qu'ils ne cassent pas. Si vous n'avez pas confiance en ce matériau végétal, vous pouvez également utiliser de la ficelle de cuisine assez fine.

Roulés à la crème de sardines

4 personnes

Moyen
Bon marché

Préparation : 20 min   Cuisson : 10 min

2 boîtes de filets de sardine
1 boîte de fromage frais
1/2 citron
1 petite cuil. à café de moutarde forte
1 cuil. à café de thym frais
6 feuilles de brick
Huile d'olive.

··· Mixer les filets de sardine bien égouttés avec la moitié du fromage frais, un peu de jus de citron, la moutarde et le thym. Ajouter encore un peu de fromage frais si la préparation est trop épaisse. La consistance doit être souple mais pas liquide.

··· Disposer un peu de farce au milieu d'une feuille de brick. Replier les côtés puis les bords dans le sens de la hauteur. Enrouler la feuille de brick sur elle-même afin de former des rouleaux.

··· Disposer les nems sur une plaque à four recouverte de papier sulfurisé puis les badigeonner d'un peu d'huile.

··· Faire cuire 10 minutes au four à 220 °C (th. 7-8).

Sambos au colombo

4 personnes

Facile
Bon marché

Préparation : 20 min   Cuisson : 15 min

1 oignon
2 poireaux
2 gousses d'ail
1 petit morceau de gingembre
Huile
500 g de viande de porc finement hachée
1 cuil. à café de poudre de colombo
6 feuilles de brick.

··· Éplucher l'oignon et l'émincer finement. Équeuter les poireaux pour ne garder que le blanc et les ciseler comme l'oignon. Hacher l'ail dégermé et le gingembre. Bien mélanger jusqu'à ce que la préparation soit dorée et parfumée.

··· Verser un peu d'huile dans une sauteuse et y faire revenir la viande hachée avec les poireaux et l'oignon pendant 10 bonnes minutes. Ajouter l'ail, le colombo et le gingembre.

··· Couper les feuilles de brick en deux. Placer une moitié sur le plan de travail, bord arrondi vers soi. Disposer 1 belle cuillerée à soupe de farce dans un des coins.

··· Replier la feuille de brick en deux puis replier en triangle l'extrémité du croustillant où se trouve la farce. Plier plusieurs fois le triangle sur lui-même puis replier le bord vers l'intérieur afin que le sambo soit bien hermétique.

··· Faire frire par 2 ou 3 pendant environ 5 minutes dans une friteuse ou un bain de friture dans une sauteuse.

··· Égoutter sur du papier absorbant avant de servir.

Tarte croustillante

4 personnes

Facile
Bon marché

Préparation : 20 min   Cuisson : 15 à 20 min

20 g de beurre
6 feuilles de brick
150 g d'emmental
4 cuil. à soupe de moutarde forte
500 g de tomates cerise
1 cuil. à soupe de thym
Fleur de sel, poivre du moulin.

··· Beurrer un moule à tarte à hauts rebords ou le recouvrir de papier sulfurisé. Superposer les feuilles de brick de manière à recouvrir le moule dans sa totalité.

··· Découper l'emmental en lamelles puis les placer au fond du plat à la manière d'une « mosaïque ». Badigeonner de moutarde.

··· Laver puis sécher les tomates cerise équeutées. Inciser en croix à l'endroit du pédoncule.

··· Disposer les tomates cerise en écailles de façon à couvrir tout le fond de tarte.

··· Saupoudrer d'un peu de fleur de sel, poivrer légèrement et parsemer de thym.

··· Faire cuire entre 15 et 20 minutes à 200-220 °C (th. 7-8).

Tomates - Mozza

4 personnes

Facile
Bon marché

Préparation : 20 min Cuisson : 10 min

2 boules de mozzarella
3 tomates
6 feuilles de brick
10 cl de pistou
Huile d'olive
Sel, poivre.

··· Découper la mozzarella en tranches. Laver les tomates, retirer leur pédoncule, les découper en deux et les épépiner. Couper les tomates en tout petits morceaux.

··· Couper les feuilles de brick en deux. Placer le bord arrondi vers soi. Disposer dans un coin à l'une des extrémités quelques tomates concassées, une tranche de mozzarella et arroser de pistou. Saler et poivrer.

··· Replier la feuille de brick en deux puis le bord gauche du croustillant où se trouve la farce en triangle. Plier plusieurs fois le triangle sur lui-même et replier le dernier bord vers l'intérieur.

··· Badigeonner les bricks d'huile d'olive et les faire cuire au four 10 minutes à 220 °C (th. 7-8).

Tarte croustillante, p. 38

Tomates - mozza, p. 39

Triangles aux carottes

4 personnes

Moyen
Bon marché

Préparation : 30 min   Cuisson : 25 min

4 carottes
1 cuil. à soupe d'huile d'olive
1/2 cuil. à café de cumin
1 gousse d'ail
Quelques brins de coriandre
8 feuilles de brick ou de pâte filo
50 g de beurre
4 portions de fromage fondu
Sel, poivre.

··· Éplucher les carottes et les détailler en brunoise. Faire revenir les dés de carotte dans l'huile avec le cumin et l'ail épluché et pressé.

··· Saler et poivrer légèrement, arroser d'eau. Couvrir et continuer la cuisson 7 à 8 minutes. Ajouter ensuite la coriandre ciselée.

··· Badigeonner les feuilles de brick de beurre fondu puis les superposer deux par deux. Découper les feuilles en bandes de taille égale, pas trop fines.

··· Déposer 1 grosse cuillerée à soupe de carottes au cumin sur le bord gauche de la bande de brick. Ajouter l'équivalent d'un tiers d'une portion de fromage fondu. Replier la pâte en diagonale puis continuer à plier le triangle sur lui-même. Replier le bord droit vers l'intérieur du triangle.

··· Procéder de même avec tous les petits chaussons.

··· Badigeonner les croustillants de beurre fondu et faire cuire 10 minutes environ à 220 °C (th. 7-8).

Aumônières aux abricots

4 personnes

Facile
Bon marché

Préparation : 20 min Cuisson : 25 min

8 à 10 abricots
30 g de beurre salé
4 cuil. à soupe de sucre en poudre
1 gousse de vanille
10 feuilles de brick.

··· Dénoyauter les abricots et les découper en petits morceaux. Faire fondre 20 g de beurre dans une poêle avec le sucre. Laisser caraméliser quelques instants puis ajouter les morceaux de fruit.

··· Égrainer la vanille et bien la mélanger avec les fruits caramélisés. Laisser blondir encore quelques minutes.

··· Sur 2 feuilles de brick badigeonnées de beurre fondu, ajouter au milieu 1/2 feuille de brick.

··· Disposer la garniture bien au centre, rabattre tous les bords pour former une aumônière puis les fixer avec un pique en bambou. Procéder de même pour les 3 autres aumônières.

··· Faire cuire 7 à 8 minutes au four à 220 °C (th. 7-8).

Baklavas à la rose

6 personnes

Moyen
Bon marché

Préparation : 20 min   Cuisson : 30 min   Repos : 6 h au minimum

300 g d'amandes hachées
150 g de pistaches hachées non salées
300 g de sucre en poudre
1/2 cuil. à café de cardamome en poudre
1/2 cuil. à café de cannelle
50 g de beurre
16 feuilles de pâte filo
2 cuil. à soupe de miel
2 cuil. à soupe d'eau de rose
1 citron.

··· Mélanger les amandes et les pistaches hachées avec 100 g de sucre. Parfumer de cardamome et de cannelle.

··· Faire fondre le beurre et en badigeonner un plat à four rectangulaire. Disposer 5 feuilles de pâte filo. Couvrir d'une partie du mélange de fruits secs. Couvrir avec 3 feuilles de filo et recommencer l'opération. Terminer par 5 feuilles de pâte filo superposées.

··· Inciser délicatement à l'aide d'un couteau, humecter avec un peu d'eau et faire cuire au four 20 minutes environ à 180 °C (th. 6). Laisser ensuite refroidir à température ambiante.

··· Dans une petite casserole, faire chauffer le reste du sucre avec le miel, l'eau de rose et le jus du citron. Porter à ébullition.

··· Verser ensuite le sirop bouillant sur le baklava. Laisser reposer plusieurs heures avant de le découper.

Strudels surprise

6 personnes

Moyen
Bon marché

Préparation : 20 min   Cuisson : 30 min   Repos : 30 minutes

300 g de cerises dénoyautées
150 g de rhubarbe
30 g de semoule fine
1 gousse de vanille
100 g de sucre en poudre
3 cuil. à soupe de kirsch
3 cuil. à soupe de fromage blanc
50 g de poudre d'amande
8 feuilles de pâte filo
30 g de beurre.

··· Dans un saladier, placer les cerises et la rhubarbe découpée en morceaux. Ajouter la semoule et la vanille égrainée. Saupoudrer d'un peu de sucre et arroser de kirsch. Laisser reposer environ 30 minutes.

··· Ajouter le reste de sucre, le fromage blanc et la poudre d'amande puis bien mélanger.

··· Superposer 4 feuilles de pâte filo badigeonnées de beurre fondu sur un torchon. Placer la moitié de la préparation aux fruits et au fromage blanc sur l'un des bords. Rouler la pâte sur elle-même en s'aidant du torchon puis replier les bords.

··· Recommencer l'opération afin de former un second strudel.

··· Faire cuire au four à 180 °C (th. 6) environ 30 minutes.

CIGARES AU CHOCOLAT

Préparation : 20 min   Cuisson : 10 min

4 personnes

Facile
Bon marché

2 poires
1 plaque de chocolat à pâtisser
6 feuilles de brick
30 g de beurre.

··· Éplucher, épépiner et découper les poires en lamelles.
Couper le chocolat en petits morceaux.

··· Couper les feuilles de brick en deux. Disposer une première feuille bord arrondi vers l'extérieur. Placer quelques lamelles de poire et quelques morceaux de chocolat sur le bord de la feuille qui se trouve le plus près de soi.

··· Rouler assez fermement la feuille de brick puis, arrivé au milieu de la feuille, rabattre les bords. Continuer à rouler puis rabattre les bords externes.

··· Procéder ainsi jusqu'à épuisement des ingrédients. Disposer les cigares au chocolat sur une plaque à four recouverte de papier sulfurisé et les badigeonner de beurre fondu.

··· Faire cuire environ 10 minutes à 220 °C (th. 7-8).

Strudels surprise, p. 48

Cigares au chocolat, p. 49

SUPERPOSITIONS À LA FRAISE

Préparation : 30 min   Cuisson : 5 min

4 personnes

Facile
Bon marché

500 g de fraises
1 citron
Quelques feuilles de basilic hachées
4 feuilles de brick
1 jaune d'œuf
Sucre glace
10 cl de lait
20 cl de crème fraîche liquide.

··· Découper les fraises lavées et équeutées en morceaux. Réserver la moitié au réfrigérateur dans un saladier. Arroser l'autre moitié de jus de citron, ajouter le basilic et mixer à l'aide d'un pied plongeant. Réserver ce coulis au frais.

··· Découper les feuilles de brick en 4 carrés. Les disposer sur une plaque à four recouverte de papier sulfurisé, les badigeonner de jaune d'œuf et d'un voile de sucre glace.

··· Faire dorer environ 5 minutes à 220 °C (th. 7-8) en plaçant une grille par-dessus si nécessaire afin d'éviter aux feuilles de se gondoler.

··· Mélanger le lait et la crème bien frais. Monter progressivement en chantilly à l'aide d'un batteur électrique. Ajouter 2 cuillerées à soupe de sucre glace en fin de préparation.

··· Disposer dans une assiette des fraises concassées, surmonter de chantilly puis de 1 feuille de brick, recommencer l'opération jusqu'à employer 4 feuilles de brick par personne. Entourer d'un cordon de coulis.

··· Procéder de même pour les 3 autres desserts.

TATIN « FILOSOPHIQUE »

6 personnes
Moyen
Bon marché

Préparation : 30 min Cuisson : 30 min

6 pommes
50 g de beurre
100 g de sucre en poudre
6 feuilles de pâte filo
1 jaune d'œuf.

··· Éplucher, épépiner et découper les pommes en 4 quartiers. Faire chauffer un bon morceau de beurre dans une poêle et y faire dorer les pommes pendant au moins 10 minutes. Saupoudrer de sucre en poudre et laisser caraméliser encore quelques minutes.

··· Dans une petite casserole, préparer un caramel avec la totalité du sucre et un peu d'eau. Lorsque le caramel est prêt, laisser un peu refroidir.

··· Beurrer un moule à tarte et le couvrir de caramel. Disposer les pommes au fond du moule en ne laissant aucun espace libre.

··· Recouvrir de feuilles de filo superposées. Badigeonner d'un peu de beurre fondu et de jaune d'œuf battu. Rabattre les bords des feuilles vers l'intérieur du moule.

··· Faire cuire environ 15 minutes à 200 °C (th. 6-7).

TIROPITA AU MIEL

Préparation : 20 min   Cuisson : 25 min

4 personnes

Facile
Bon marché

400 g de feta
5 cl de lait
3 cuil. à soupe de miel
1 cuil. à soupe de menthe séchée ciselée
3 œufs
12 feuilles de pâte filo
50 g de beurre
Poivre.

··· Écraser la feta à la fourchette et la mélanger avec le lait, le miel et la menthe ciselée. Ajouter les œufs battus en omelette et mélanger jusqu'à obtention d'une préparation homogène. Poivrer légèrement.

··· Couvrir un plat à gratin à larges bords de feuilles de filo badigeonnées de beurre fondu en les superposant. Garnir d'un peu de farce au fromage puis couvrir de 2 feuilles de filo beurrées. Ajouter le reste de feta au miel puis couvrir du reste de feuilles en rentrant les bords à l'intérieur.

··· Humidifier d'un peu d'eau ou beurrer légèrement avant de faire cuire environ 25 minutes à 200 °C (th. 6-7).

··· Laisser refroidir avant de déguster.

Table des matières

Dépôt légal 1er trim. 2010 – n° 3 638